SuperStars

Was sind Mumien?

Meredith Costain

Inhalt

Die **fett** gedruckten Wörter werden auf Seite 23 erklärt.

‚Howard Carter' und ‚Lord Carnarvon' im Eingang von Tutanchamuns Grab.

Im Jahre 1922 stieß ein englischer Archäologe namens ‚Howard Carter' auf den Eingang der Grabstätte Tutanchamuns, eines alten ägyptischen Pharaos. Während der folgenden drei Jahre räumte ‚Carter' vorsichtig den Weg frei. Schließlich entdeckte er eine steinerne Truhe, die drei ineinander steckende Särge beinhaltete. Der letzte bestand aus purem Gold. Und in seinem Inneren fand ‚Carter' ... die Mumie des Tutanchamun!

Was ist eine Mumie?

Eine Mumie ist der **konservierte** Körper eines toten Menschen oder Tieres. Normalerweise verwesen die Weichteile und werden mit der Zeit zersetzt. Wenn ein Körper jedoch konserviert wird, bleiben seine Haut, sein Fleisch und seine Haare fast so wie am Tag seines Todes erhalten.

Diese 5000 Jahre alte Mumie, bekannt als Ötzi, wurde in einem **Gletscher** in Norditalien gefunden.

Einige Körper werden von der Natur erhalten. Man hat Körper in Wüsten, Torfmooren und Gletschern gefunden. Extreme Hitze oder Kälte verhindert, dass Fleisch und Weichteile verfallen und sich zersetzen.

Die Mumie eines kleinen Jungen wurde 1972 zusammen mit seiner Familie auf einem Felsvorsprung in Grönland gefunden. Die eisige arktische Luft, die ihre Körper 500 Jahre lang umwehte, bewirkte ihre Austrocknung.

Der Tollund-Mann wurde 1950 in einem **Torfmoor** in Dänemark gefunden. Der Torf konservierte seinen Körper so gut, dass man noch immer seine Bartstoppeln erkennen kann, obwohl er über 2000 Jahre alt ist.

Mumien im alten Ägypten

Die alten Ägypter glaubten, dass für Verstorbene „das Leben nach dem Tod“ beginnen würde. Deshalb suchten die Ägypter nach einem Weg, ihre Toten zu konservieren. Es begann damit, dass man tote Menschen einfach in Löchern im heißen Wüstensand begrub. Nach und nach trocknete die Hitze die Körper aus, bis sich die Haut zusammenzog und ledrig wurde.

Die älteste ägyptische Mumie ist bekannt als ‚Ginger‘ (Englisch für „rotblond“), weil sie rotes Haar hat. ‚Ginger‘ wurde vor etwa 5300 Jahren in der Wüste begraben.

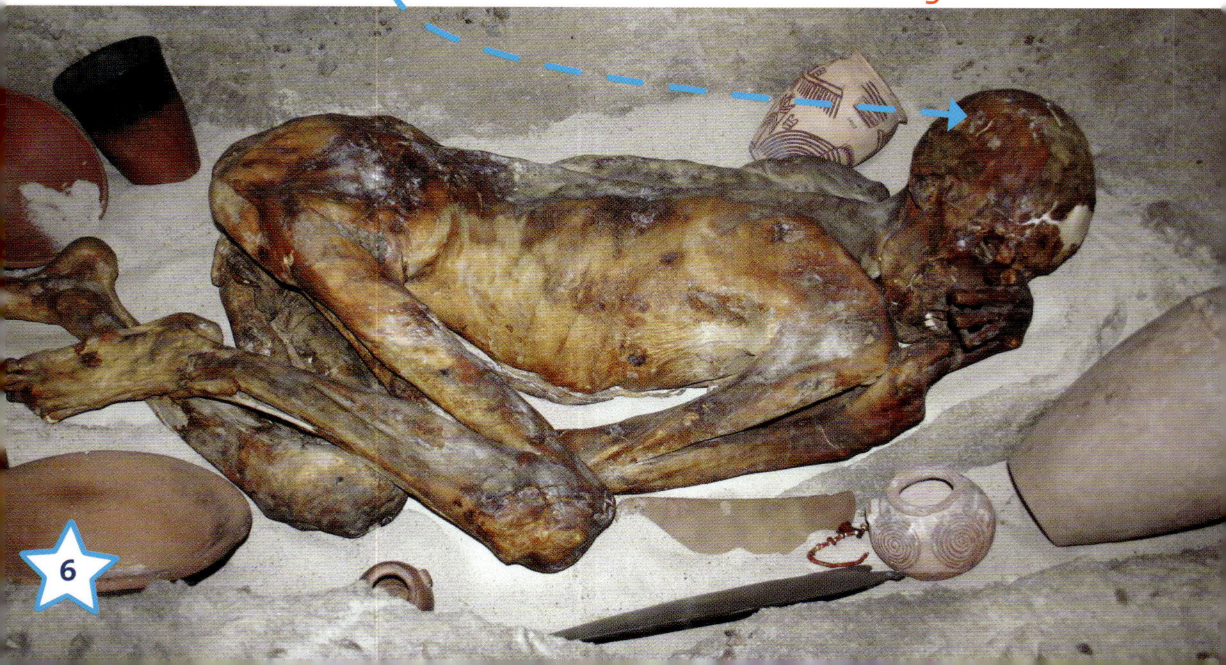

Stoffwickel konnten den Verfall nicht aufhalten.

Das Wort „Mumie“ stammt von dem arabischen Wort „*mumiyah*“, was soviel heißt wie „von **Bitumen** konservierter Körper“.

Später hat man die Körper in Tücher gewickelt und in hölzerne Särge gelegt, um sie vor wilden Tieren in der Wüste zu schützen. Dies hatte jedoch zur Folge, dass die Körper der Luft ausgesetzt wurden, sodass sie verwesten. Also musste ein besserer Weg gefunden werden, um die Körper zu konservieren.

Das Präparieren des Körpers

Um etwa 2 000 v. Chr. hatten die alten Ägypter einen neuen Weg gefunden, um die Körper ihrer Toten zu konservieren: die **Einbalsamierung**.

Man brauchte etwa 70 Tage, um eine Mumie zu **präparieren**. Zuerst wurde der tote Körper mit Wasser und süß duftendem Palmöl gewaschen.

Im „weryt“ wurden die Leichen balsamiert.

Das Wasser zum Waschen stammte aus dem Nil.

Entfernung des Gehirns

Die alten Ägypter glaubten nicht, dass das Gehirn irgendeine Funktion hätte. Deshalb wurde es weggeworfen, sobald man es entfernt hatte.

Der Balsamierer entfernte das Gehirn aus einem toten Körper.

Als Nächstes entnahm man das Gehirn mit einem langen bronzenen Haken Stück für Stück durch die Nase. Anschließend wurde klebriges Salböl in die Nase und Schädelhöhle gefüllt. Das hinderte **Bakterien** daran, sich im Schädelinneren anzusiedeln.

Ein Priester mit einer Schakalsmaske singt Gebete und Bannsprüche bei jeder Stufe des Balsamierungsprozesses.

Das Entfernen der Organe

Als Nächstes wurden die Organe entfernt. Ein „Schneide-Priester“ machte einen langen Schnitt auf der linken Seite des Körpers. Dann wurden die Organe bis auf das Herz entfernt. Dies wurde im Körper gelassen, weil man es im Leben nach dem Tod brauchte. Danach wurde der Körper wieder zugenäht.

Nachdem der Schneide-Priester seine Arbeit vollendet hatte, wurde er von den anderen Balsamierern davongejagt. Man glaubte, dass all das Blut die Götter beleidigt habe.

Um die Organe zu entfernen, wurde ein Messer aus Feuerstein benutzt.

Kanopen

Die inneren Organe wurden in **Kanopen** aufbewahrt. Auf jedem Gefäßdeckel war die Abbildung eines der vier Söhne des Gottes Horus. Die Gefäße wurden in einem verzierten Kasten, dem Kanopenschrein, aufbewahrt.

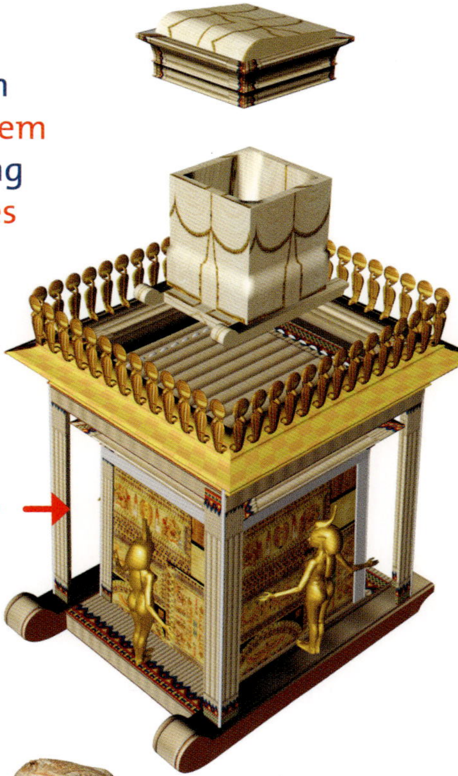

Der Kanopenschrein wurde im Grab nahe der Mumie aufbewahrt.

Amset, der Gott mit dem menschlichen Kopf, war der Schutzgott der Leber.

Kebechsenuef, der falkenköpfige Gott, beschützte die Eingeweide.

Hapi, der pavianköpfige Gott, beschützte die Lungen.

Duamutef, der schakalgesichtige Gott, war der Beschützer des Magens.

Das Austrocknen des Körpers

Sobald die inneren Organe entfernt worden waren, wurde das Innere des Körpers mit Wein ausgewaschen und mit Tüchern aus Leinen ausgestopft, um die Form zu erhalten. Danach wurde er in ein Bad mit Natron gelegt.

Zwiebeln wurden als Augenersatz verwendet.

Um den Körper komplett auszutrocknen, musste er 40 Tage in Natron liegen.

Einwickeln des Körpers

Es dauerte 15 Tage, um einen Körper von Kopf bis Fuß einzuwickeln. Für jedes Körperteil sangen die Priester ein bestimmtes Gebet – sogar für die Finger und Zehen.

Edelsteine und Glücksbringer waren zwischen den einzelnen Leinenschichten.

Der ausgetrocknete Körper wurde in eine Art „Schönheitssalon“ gebracht und dort mit frischen Leinentüchern und Sägemehl ausgestopft, damit er seine Form behielt. Gleichzeitig wurde er frisiert und geschminkt. In die übel riechende ledrige Haut wurden parfümierte Öle einmassiert.

Der Körper wurde schichtweise in klebrige Leinenstreifen gewickelt und dann mit einem eng anliegenden Leichentuch bedeckt. Zwischen die einzelnen Schichten wurden Edelsteine und Glücksbringer gelegt. Dann wurde eine „Porträt-Maske“ über Kopf und Schultern gelegt, damit sie der Geist des Körpers erkennen würde.

Fertig zur Beisetzung

Jetzt war der Körper bereit für seine lange Reise in das Leben nach dem Tod. Er wurde in einen hölzernen menschenförmigen Sarg gelegt. Wohlhabende Menschen, die begraben werden sollten, bekamen manchmal auch drei Särge. Diese wurden ineinander gesteckt. Handelte es sich bei der Mumie um einen Pharao, einen Priester oder eine Priesterin, bestand das Innere des Sarges auch manchmal aus Gold.

Mumienkästen wurden oft mit Zaubersprüchen bemalt, um die Mumie zu schützen.

Das Porträt des Toten wurde auf die Außenseite des Sarges gemalt.

Die Särge des Tutanchamun

Der Körper des Pharaos Tutanchamun wurde in einen Satz von Mumienkästen gelegt. Jeder einzelne Kasten war mit Gold und Edelsteinen verziert. Die Mumienkästen wurden dann zur Grabstätte des Pharaos getragen und in eine große Truhe aus Stein, den Sarkophag, gelegt.

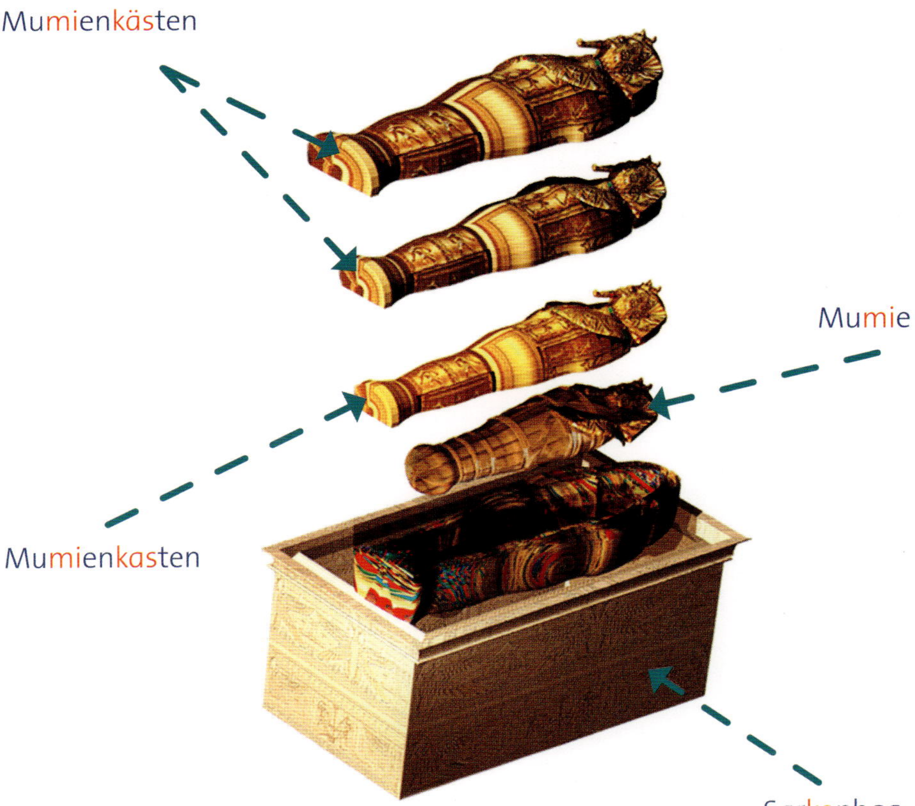

In der Grabstätte

Die Grabstätte enthielt alles, was der Tote im Leben nach dem Tod brauchen würde. Speisen und Getränke wurden zurückgelassen, damit der Geist – Ka – Nahrung haben würde. Man glaubte, dass sich gemalte Speisen und Getränke auf magische Weise in richtige Speisen verwandeln werden.

Die Grabstätten enthielten außerdem Betten, Hocker und Throne. Kleidung, Schmuck und Schminke ließ man ganz nahe bei der Mumie zurück. Sogar Brettspiele wurden bereitgestellt.

Archäologen fanden 116 Körbe mit Früchten, 40 Weinkrüge und Kisten mit gebratenem Fleisch und Brot in der Grabstätte des Tutanchamun.

Brot, das man in einem Grab gefunden hat

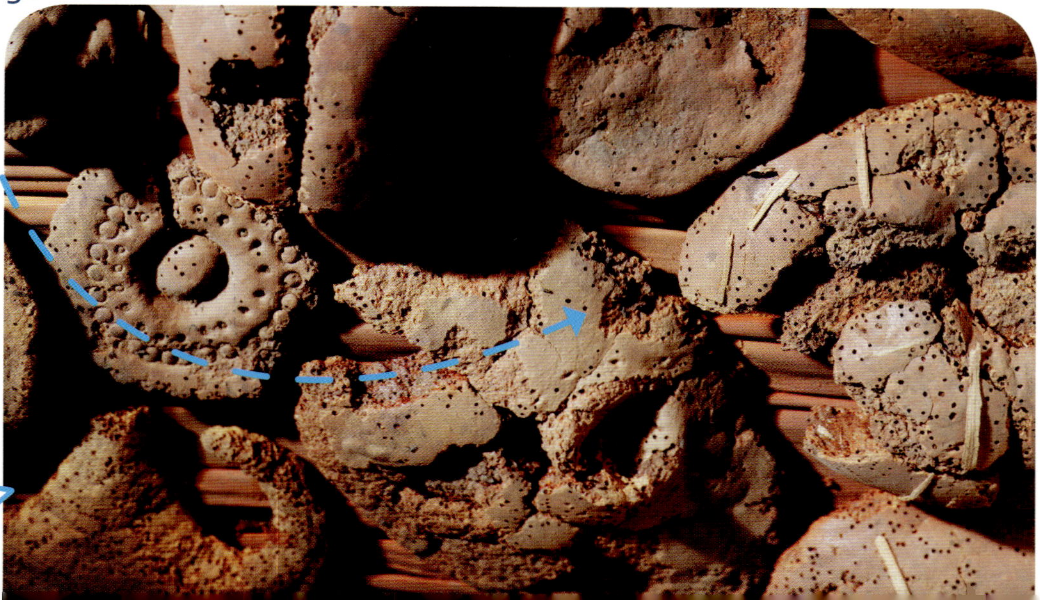

Sandalen

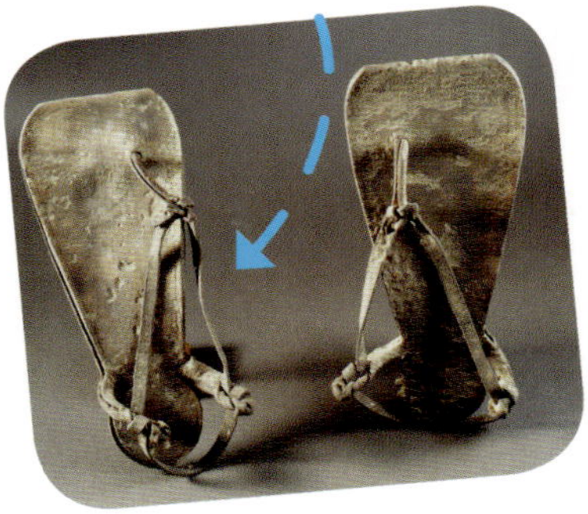

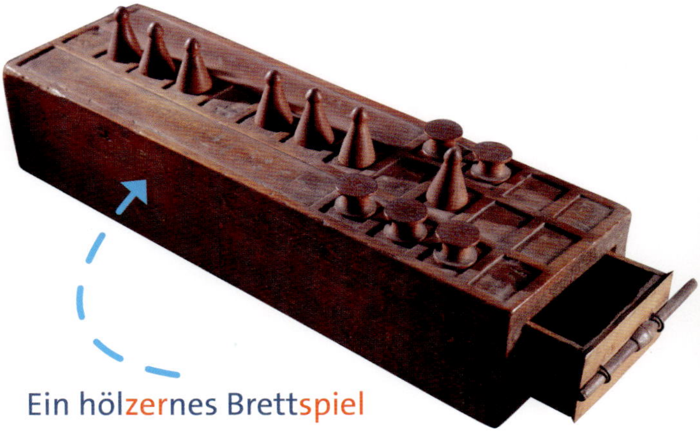

Ein hölzernes Brettspiel

Shabtis

Kleine Statuen, „Shabtis“ genannt, stellte man ebenfalls in den Gräbern auf. Sie wurden mit einem Zauber belegt, damit sie lebendig werden und für die Toten arbeiten könnten. Ganz früher bekam ein Toter nur einen Shabti. Um 1000 v. Chr. jedoch wurden einem Grab bis zu 401 Shabtis beigegeben – einen Arbeiter für jeden Tag des Jahres und 36 Aufseher-Shabtis.

Shabtis aus der Zeit von Ramses II.

Tiermumien

Die alten Ägypter mumifizierten Tiere genauso wie Menschen. Manchmal wurden Haustiere wie Hunde, Katzen, Affen oder Gazellen mumifiziert, damit sie ihre Besitzer im Leben nach dem Tod erfreuen konnten.

Ein mumifizierter gezähmter Falke

Hapymens Hund

Ein reicher Mann namens Hapymen mochte seinen Hund sehr. Als der Mann starb, wurde der Hund zusammen mit seinem Besitzer getrocknet und in Leinentücher gewickelt. Die Hundemumie wurde dann neben den Sarg ihres Besitzers gestellt.

Die Ägypter glaubten, dass Krokodile dem Gott des Wassers, Sobek, gewidmet waren. Viele Ägypter hielten Krokodile als Haustiere und fütterten sie mit ihrem besten Fleisch und Wein.

Heilige Tiere

Einige Tierarten wurden mumifiziert, weil man sie für heilig hielt. Diese Tiere standen unter dem Schutz bestimmter Götter.

TIER	SCHUTZGOTT
Katze	Bastet
Stier	Apis
Krokodil	Sobek
Hund, Fuchs, Schakal	Anubis
Pavian	Thot
Kuh	Hathor

In der Stadt Bubastis gab es einen Friedhof speziell für Katzenmumien.

Die letzte Ruhestätte

Im Verlauf der Jahrhunderte errichteten die alten Ägypter für ihre Mumien verschiedene Arten von Grabstätten. Die meisten wurden in unterirdischen Kammern begraben. Dies diente dem Schutz der Mumien vor Sandstürmen und – was am wichtigsten war – vor Grabräubern.

Die Grabstätten im Tal der Könige wurden zwischen 1600 und 1100 v. Chr. gebaut.

Im Inneren einer Pyramide

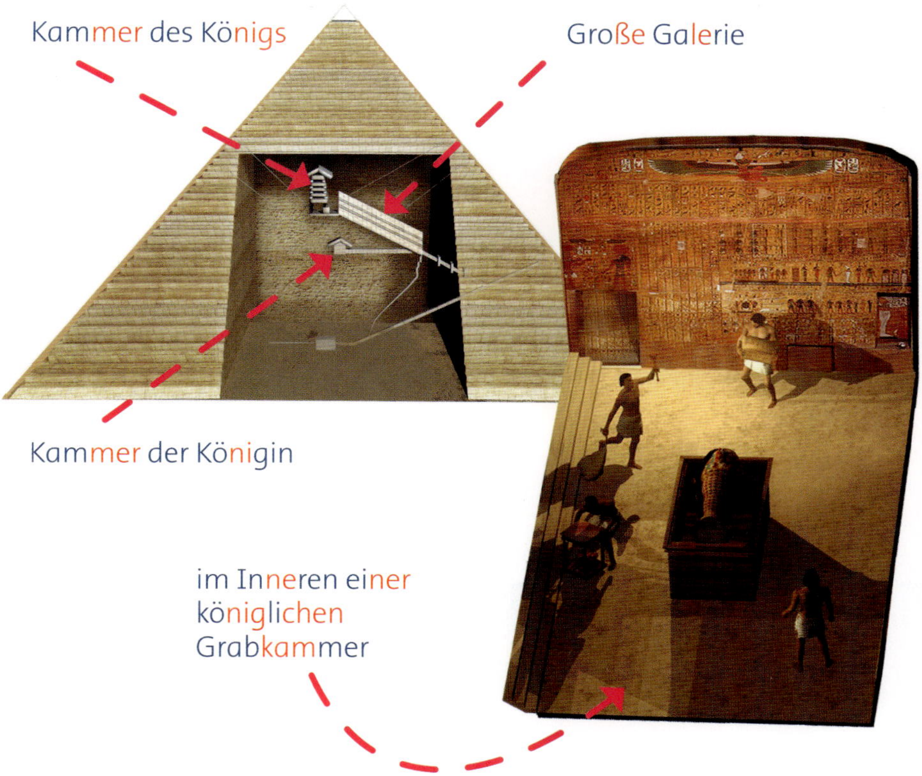

Einige Mumien wurden in Mastaba-Gräbern bestattet. Auf diesen Grabstätten standen Gebäude mit flachen Dächern. Später wurden auf den Gräbern der Pharaonen riesige Pyramiden errichtet. Noch später setzte man die Pharaonen in geheimen Gräbern bei, die in den Fels im Tal der Könige gehauen wurden.

Ein Blick zurück

Man schätzt, dass in Ägypten in über 3 000 Jahren mehr als 70 Millionen Mumien präpariert wurden. Die meisten werden aber wohl nie gefunden. Schuld daran sind Grabräuber und Schatzsucher.

Jedoch wollte nicht jeder einfach nur den Schatz heben, der in den Gräbern begraben liegt. Es gibt Menschen, die Jahre ihres Lebens damit verbringen, Spuren der Vergangenheit zu suchen. Dank der unermüdlichen Arbeit von Archäologen wie ‚Howard Carter', wissen wir jetzt mehr über das Leben im alten Ägypten.

‚Howard Carter' beim Öffnen der Tür des Schreins von Tutanchamun

Worterklärungen

Archäologe	jemand, der antike Grabstätten, Werkzeuge und Bauwerke studiert, um mehr über die Vergangenheit herauszufinden
Bakterien	winzig kleine Organismen, die Krankheiten verursachen; Keime
Bitumen	klebrig teerartige Masse, die heute zum Asphaltieren verwendet wird
Einbalsamierung	einen toten Körper vor Verwesung bewahren
Gletscher	große, sich langsam bewegende Eismassen
Kanopen	vier Gefäße aus Stein, in denen die mumifizierten Organe aufbewahrt wurden
konservieren	etwas vor dem Verfall oder vor Verwesung bewahren
Pharao	ägyptischer König oder Herrscher
präparieren	durch konservierende Maßnahmen dauerhaft haltbar machen
Torfmoor	Moorlandschaft mit klebriger Erde, die aus abgestorbenen Pflanzenteilen besteht

Stichwortverzeichnis